GALERIE
VERLAG
FISCHERHUDE

Hans am Ende, um 1900

HANS AM ENDE
Ein Lebensbild

von Fritz Westphal
und Peter Rabenstein

WORPSWEDER TASCHENBÜCHER

Titelbild:
Hans am Ende
Torfschiffe auf der Hamme
(Überschwemmung), 1902
Privatbesitz

in der Bredenau 5
2802 Fischerhude
Gestaltet von Wolf-Dietmar Stock
Gesetzt von Fotosatz-Service, Bremen
Lithographie: color-repro, Trossingen
ISBN 3-88 132 237-x

»Man ist doch zuerst Mensch, dann erst Künstler.«

Hans am Ende

Auf einer Fahrt von München nach Ingolstadt saßen sich im Eisenbahnabteil der Malerstudent Fritz Mackensen und der Schriftsteller Heinz Tovote gegenüber. Mackensen fuhr zu einer militärischen Übung. Sie unterhielten sich über moderne Literatur. Tovote begeisterte sich für die französischen Autoren, insbesondere für Maupassant. Mackensen trat mit Entschiedenheit für die deutschen Erzähler ein, die für ihn wesentlich höheren Rang besaßen, vor allem Wilhelm Raabe. Da mischte sich unaufgefordert ein Mitreisender in das Streitgespräch und unterstützte Mackensen. Anschließend stellte er sich vor: Hans am Ende, gleichfalls auf der Anreise zur militärischen Übung, gleichfalls Schüler der Münchener Kunstakademie. Beiläufig hatten die beiden jungen Maler im Atelier von Professor Diez voneinander Kenntnis genommen, doch erst diese Begegnung in der Eisenbahn, bei der Mackensen zu seiner Freude einen gleichgesinnten Deutschen entdeckt zu haben glaubte, war der Anfang einer jahrzehntelangen Freundschaft.

Fritz Mackensen erzählte von Worpswede. Er zeigte Skizzen, die während seiner Ferienaufenthalte am Weyerberg in den Jahren 1884, 86 und 87 entstanden waren. Im August 1889 folgte Hans am Ende der Einladung nach Worpswede, wo Mackensen mit seinem Düsseldorfer Malerfreund Otto Modersohn schon im Juni Quartier bezogen hatte. „Als wir im Herbst dieser ersten Gemeinsamkeit in Worpswede auf einem Gang ins Moor von der goldenen Herbstpracht und der fabelhaften Stimmung überwältigt waren", berichtete Mackensen später, „da beschlossen wir, auch den Winter über hier zu bleiben."

Kindheit und Jugend

Hans am Ende, der Dritte im Bunde der jungen Worpsweder Maler, entstammte einer alten, gutsituierten Familie, die stolz darauf war, ihre Vorfahren bis ins 12. Jahrhundert zurück nachweisen zu können. Der Vater war Geistlicher, der Großvater Magister und Schullehrer in Wittenberg, der Urgroßvater Kammerschreiber. Theologen, Juristen, Ratsherren – überwiegend in geistigen Berufen waren die Am Endes tätig.
Als Hans am Ende am 31. Dezember 1864 in Trier geboren wurde, war sein Vater als Divisionspfarrer in Trier tätig und nahm als solcher auch an den Feldzügen 1866 und 1870/71 teil. Danach

übersiedelte die Familie in das kleine thüringische Dorf Kirchscheidungen an der Unstrut. Das schöne alte Pfarrhaus, umgeben von einem großen Garten mit vielen Obstbäumen, die Wiesen und der lebhafte Fluß hinterließen in Hans und seinen beiden Geschwistern, dem älteren Bruder Theodor und der jüngeren Schwester Katharina, die sehr früh starb, unvergeßliche Erinnerungen. Und das Zuhause in der thüringischen Heimat weckte heftiges Heimweh, als der Vater den Sohn Johannes aus seiner eigenen kleinen Privatschule herausnahm und in das Internat der weit herum bekannten Fürstenschule zu Pforta schickte.

Dem empfindsamen Jungen wurde es sehr schwer, sich an die strenge Zucht in dem alten Klostergebäude mit seinen lieblos kahlen Räumen zu gewöhnen. Ständig fühlte er sich beobachtet. Das Gymnasium, auf dem auch Friedrich Nietzsche das Abitur gemacht hatte, stellte sehr hohe Anforderungen, denen Hans am Ende anfangs nur mit großer Mühe gerecht werden konnte. Aber er lernte ausdauerndes Arbeiten und erzielte dadurch Fortschritte, für die er mit herrlichen, sorgenfreien Ferien zu Hause belohnt wurde.
Im Internat der fürstlichen Klosterschule freundete er sich mit dem Sohn des Leipziger Professors Ebers an. Die Eltern luden ihn zu sich ein;

Hans am Ende genoß diese Besuche bei der kunstinteressierten Familie. Die vielen Bücher und vor allem die wertvollen Bilder an den Wänden regten ihn an. Schon als kleiner Junge hatte er angefangen zu zeichnen und zu malen, und der talentierte Vater hatte das behutsam unterstützt. Als er eines Tages dem Professor ein paar seiner Skizzen vorlegte, betrachtete der sie aufmerksam, erkannte seine Begabung für das Bildnerische und legte ihm nahe, nach dem Abitur auf die Münchener Kunstakademie zu gehen.

Studienjahre in München

1884 wurde Hans am Ende in München als Kunststudent aufgenommen. Der wiederum schroffe Übergang aus der Abgeschiedenheit der Klosterschule mit ihrem streng geregelten Studiengang in die Freiheit des abwechslungsreichen, bunten Großstadtlebens machte dem Zwanzigjährigen zunächst zu schaffen; hilflos sah er sich dieser für ihn völlig fremden Welt ausgeliefert, fand aber bald Rückhalt im Hause des Geheimrats Dr. von Gudden, dessen Frau eine gute Freundin seiner Mutter war. Dem bekannten Münchener Nervenarzt von Gudden wurde die Betreuung des unglücklichen Bayernkönigs Ludwig II. übertragen. Als der Arzt 1886 an der Seite seines Königs im Starnber-

Im Kreise der Münchener Kommilitonen, um 1885

ger See auf tragische Weise ums Leben kam, hatte Am Ende einen väterlichen Freund verloren. Und dieser Verlust schmerzte ihn nicht weniger als der zwei Jahre später eintretende Tod des eigenen Vaters.

Hans am Ende war 24 Jahre alt und stand als angehender Maler und Grafiker durchaus noch nicht auf sicheren Füßen. Gute Freunde wurden ihm der junge von Gudden, der sich später als Porträtist in Frankfurt am Main niederließ, und Martin Holzapfel, dem vor allem es Hans am Ende zu verdanken hatte, daß er ein so guter Radierer wurde.

Der Unterricht auf der Akademie, vorwiegend Genre- und Historienmalerei nach hergebracht alter Methode, eintönig gleichförmiges Modellzeichnen und Abmalen von wenig anregenden Gemälden, konnte ihn, wie auch andere junge Künstler, nicht befriedigen. Was er suchte, das war die unverstellt lebendige Natur, und der waren die akademischen Gefilde offenbar gänzlich verschlossen. Viel größeren Gewinn brachten im häufige Besuche der Schackgalerie und der alten Pinakothek. Und hier waren es vor allem Feuerbach, Böcklin und Tizian, die ihn faszinierten. Immer wieder stand er vor den Bilder Böcklins, seiner „Toteninsel", dem „Heiligen Hain", begeistert von den klaren Formen, den gedämpften Farben. Aus diesen Bildern sprach für ihn die durch reiche Phantasie des großen Künstlers beseelte Natur. Und die eigenen Landschaften des späteren Worpsweder Malers Hans am Ende sollten Anklänge an Böcklin niemals verleugnen. Bewundert wurde Max Klinger, der als Grafiker zu den bedeutendsten Meistern damaliger Zeit zählte. Tiefen Eindruck machte Anselm Feuerbach, dessen „Vermächtnis" Am Ende sich zu eigen nahm:

„Darum, ihr angehenden Kunstjünger, besucht den akademischen Elementarunterricht: er kommt am billigsten. Wer dann unter euch ein gottbegnadeter Flötenspieler ist, der bläst beizeiten die eigene Melodie, in der Schule lernt er nur den eintönigen Chorus. Studiert die alten Meister, legt zur rechten Zeit eure eigene Individualität in die Waagschale, dann werdet ihr ziemlich genau erkennen, was ihr vermögt. Andere Wege gibt es heutzutage nicht."

In diesem Sinne ermahnt der spätere Lehrer Hans am Ende auch seine eigenen Schüler:
„Ich halte es für dringend nötig, daß Sie jetzt einmal sein möchten, wo Sie Ihre eigenen Arbeiten mit denen Anderer vergleichen können. An einem Ort, der vorzügliche Galerien alter und neuer Meister hat, wo Sie arbeiten und schauen können. München, Berlin. Sie müssen die Schätze vorhandener Kunst kennen lernen, an Zeichnungen, an Photos, Radierungen. Sie werden leichter weiterkommen, wenn Sie vergleichen können, wie alte Meister, etwa Rembrandt, Tizian, Porträts auffaßten, in den Raum brachten, Charaktere schufen, das Vorhandene wiedergaben, das Material charakterisierten, Fleisch, Stoffe, Umgebung – Augen malten oder Hände – und wie unsere Zeitgenossen, beste natürlich, Uhde, Slevogt, Kalkreuth, um nur einigermaßen anzudeuten, welche ich meine, die Menschen unserer Zeit auffassen, in der Umgebung unserer Zeit, in Licht und Luft; was sie aus Akten machen, Bewegungen, die sie beobachteten, zu Bildern umarbeiteten und so weiter – mit einem Wort: Sie

müssen in Contact kommen mit der Kunst!"

Während seiner Studienjahre in München las er viel und schrieb in ein eigens dafür angelegtes Buch, was ihm wichtig und behaltenswert erschien; vor allem natürlich Aussprüche über Kunst und Künstlertum. Absolut sichere Beherrschung der Technik war bereits für den jungen Maler und Zeichner unbedingte Voraussetzung für alles künstlerische Schaffen. Am Ende stellte da an sich selbst die höchsten Ansprüche und war auch später nie mit sich zufrieden. „Hauptsächlich habe ich Studienköpfe gezeichnet", schreibt er 1891 den Freunden Mackensen und Modersohn aus Berlin, „das hat mir, glaube ich, ganz gut getan. Aber es genügt mir nicht. Ich muß noch mehr und strenger zeichnen, d.h. früher auf der Akademie Versäumtes nachholen. Das darf nicht wieder vorkommen, daß mir ein einfacher Studienkopf solche zeichnerischen Schwierigkeiten macht!!! Also zeichnen! Zeichnen wie einer, der eben gar nichts kann, der aber doch ungefähr weiß, worauf es ankommt und wo er hinaus will!!"
Das, worauf es beim Zeichnen ankommt, hat am Ende beim Studium der Zeichnungen Dürers und der Radierungen Rembrandts erfahren. Hier spürte bereits der Münchener Kunststudent die absolute Meisterschaft.

Torfboote auf der Hamme, um 1900

Aber die absolute Beherrschung der Zeichen- und Maltechniken machen noch nicht den Künstler aus. Auch darüber war der Münchener Student sich durchaus im klaren, denn vom Künstler erwartete er, „daß er einer der im besten Sinne Gebildeten seiner Zeit" sei.

Neben dem Zeichnen und Malen in und mehr noch außerhalb der Akademie, häufig in Begleitung Mackensens, besuchte Am Ende Vorlesungen in Philosophie und Kunstgeschichte an der Münchener Universität. Er beschäftigte sich mit anatomischen Studien und tat das so gründlich, wie alles, was er unternahm.

Weil sie mit dem bisherigen Studium unzufrieden waren oder weil sie befürchteten, auf begrenzte Inhalte und Ausdrucksweisen festgelegt zu werden, habe junge Maler zu allen Zeiten nicht nur die Lehrer, sondern häufig auch die Akademie gewechselt. Fritz Mackensen kam von Düsseldorf nach München, um bei Professor Diez einen vorläufigen Abschluß zu erreichen; Hans am Ende ging für das Wintersemester 1886/87 nach Karlsruhe, weil er sich von dem damals sehr geschätzten Landschafts- und Historienmaler Professor Keller neue Anregungen erhoffte. Enttäuscht kehrte er nach München zurück, bereichert letztlich nur um die Erfahrung, daß die deutsche Malerei, wie sie in den akademischen Ateliers mit Eifer betrieben und gelehrt wurde, hier wie dort in einer Sackgasse steckte, inhaltlich verflachte und deswegen einer Erneuerung vom Grunde her bedurfte.

Und diese Erneuerung versprachen sich der etliche angehenden „akademischen Maler", wie sie in der Gründerzeit nach bestandenen Examina betitelt wurden, nur durch den Weg, den eine Gruppe junger französischer Maler schon Jahrzehnte vorher in der „Schule von Barbizon" im Wald von Fontainebleau gegangen war: „Fort aus den Ateliers, zurück zur Natur". Aus dem Erlebnis der von Zivilisation und Technik noch unberührten Natur waren die Franzosen, zunächst verhaftet einer sehr kompakten, naturalistischen Malerei, zu revolutionär neuen, als „Impressionismus" bespöttelten Ausdruckweisen gekommen, die nach anfänglich krasser Ablehnung immer mehr Aufsehen erregten. Ohne diese Entwicklung nachvollziehen oder gar die Stilarten der Impressionisten aufnehmen zu wollen, suchten auch junge deutsche Maler, darunter die späteren „Worpsweder", in der unmittelbaren Begegnung mit „Natur" den Weg zu einer neuen „deutschen Kunst".

Was ihnen vorschwebte, war Landschaftsmalerei im weitesten Sinne: den Menschen, weil seiner Landschaft zugehörig, durchaus eingeschlossen; eine „Kunst in der Landschaft" – was heißen sollte: unmittelbar aus dem Leben in der Landschaft heraus gestaltet. Was im Einzelnen sich daraus entwickeln würde, war nicht vorauszusehen. Sicher war nur – und so sah es Hans am Ende –, daß es sich bei dieser neuen Landschaftsmalerei nicht um puren Naturalismus, minutiöse, fotografisch exakte Wiedergabe der Natur in allen Erscheinungsformen handeln durfte. Vielmehr kam es wesentlich darauf an, das „hinter den Dingen Liegende" zum Ausdruck zu bringen, den „Zauber ihrer Geheimnisse" zu erfassen, andererseits aber auch nicht in sentimentale „Stimmungsmalerei" abzugleiten – was den Worpsweder Landschaftern bei ihrer ersten, umstrittenen Ausstellung in Bremen dann auch prompt vorgehalten wurde.

Anfänge am Weyerberg

Ob sein plötzlicher Entschluß, zusammen mit Mackensen und Modersohn in Worpswede zu bleiben, das Münchener Studium frühzeitiger beendete als vorgesehen, ist nicht bekannt. Das endlich losgelöst freie Arbeiten, der ständige intensive Gedankenaustausch mit den beiden Freunden, das, abgesehen von leidigen Geldsorgen, unbeschwerte Zusammenleben mit ihnen waren gewiß mehr als eine willkommene Abwechslung. Aber zunächst ging es den jungen Malern ausdrücklich nur um die Herbst- und Wintermonate 1889/90 – sprich: sie schwänzten das folgende Akademie-Semester. Bei aller Begeisterung für die von ihnen entdeckten Schönheiten dieser Moorlandschaft um den Weyerberg dachte damals noch keiner der drei ersten Worpsweder daran, im Dorfe ansässig zu werden, das weitere Leben überwiegend hier zu verbringen. Gewiß wollten sie wiederkehren, gern und häufig, in den studienfreien Sommermonaten, wie Mackensen es bisher getan hatte; die übrige Zeit des Jahres würde jedoch weiterhin der eigenen Fortbildung gehören müssen,

Zwei Birkenstämme

und dazu waren ihnen längere Studienaufenthalte in großen Städten wie Berlin, Hamburg und München mit ihren bedeutenden Galerien selbstverständlich, von ausgedehnten Reisen nach Italien oder Frankreich, sofern die Geldmittel dazu reichten, ganz abgesehen.

Und was die künstlerische Arbeit betrifft: ein „fertiges Bild" hat während dieser ersten gemeinsamen Worpsweder Wochen und Monate noch keiner von ihnen gemalt. Auf langen Wanderungen rund um den Berg durchstreiften sie das Moor und machten viele Skizzen, deren Ausarbeitung im Atelier sie „auf später" verschieben mußten. Vorerst bewohnten sie zu dritt einen einzigen kleinen Raum im Hause des Bauern Segelken, so klein, daß er von den drei Betten vollständig ausgefüllt wurde. Zugang war nur noch durchs Fenster möglich. Ihre Skizzen nagelten sie an die Balkendecke. Ein alter Birnbaum vor dem Fenster diente als Kleiderschrank, nachdem sie den Rest von einem geteerten Torfschiffsegel darübergespannt hatten. Auch diese, auf die Dauer natürlich unmöglichen „Wohnverhältnisse" machen das Vorläufige des ersten Worpsweder Aufenthalts deutlich, für einen Herbst und Winter mochte es gerade noch angehen.

Eine für die Arbeit geeignete Wohnung zu finden, ist auch im Herbst 1890 noch schwierig genug. Das zeigt ein Brief Hans am Endes an den abwesenden Otto Modersohn, geschrieben am 29. 10. 90:
„Die Ankündigung Deines Herkommens hat uns in erklärliche Freude versetzt; wir hoffen stark, daß Du sie wahrmachst. Fritz will noch bis zum 15. November hier bleiben, glaubt aber selbst,

daß er vor dem 20. nicht wegkommt. Ich gedachte – bei gutem Studienwetter – eventuell noch einge Tage länger zu bleiben. Du kannst also jederzeit kommen, wir sind noch nicht fort. Die Wohnungsfrage ist auch gelöst, wenn auch wohl anders, als Du gedacht hast. Wir selbst sind – es kommt ja der Erste – wieder mal im Begriff auszuziehen. Unser jetziger Wirt glaubt nicht zu viel zu fordern, wenn er für das naßkalte Loch mit den zerfetzten Tapeten, das wegen Feuergefahr nicht ordentlich geheizt werden darf, die Kleinigkeit von 30 M pro Mann und Monat verlangt. Steift sich darauf: wir fänden sonst nirgend Unterkunft ...

Natürlich war das Dorf am Weyerberg auf die Unterbringung von Künstlern noch nicht eingerichtet, und wo sich ein bescheidener Unterschlupf fand, regelte die dringliche Nachfrage auch gleich den Preis. Im übrigen war man den jungen Malern, nicht zuletzt die junge Weiblichkeit, duchaus zugetan und bemühte sich um sie, wie der nächste, fünf Tage später an Modersohn in Hamburg gerichtete Brief Am Endes deutlich macht:

„Wir wohnen also richtig bei Monsees. Seitdem kaufen die beiden Schröders – Marie und Minna – nur noch hier ein. (Monsees ist jetzt Kaufmann.) Vorgestern Lutchens Geburtstag. Allgemeine Mädchenversammlung vor unserer Thür; natürlich Tanz auf der Deele. Gestern mit den Dreien Kartenorakel. Stahrs natürlich davon Wind bekommen, riesig eifersüchtig, füttern uns deshalb doppelt. Heute gleich Kreppel zum Nachtisch, dann die Taschen voll frische Brödchen. Köstliche Geschichten! Aber doch nebensächlich."

Am Ende ermuntert den Freund, auch für die wenigen Tage seines Aufenthalts in Worpswede „Malgerät" mitzubringen („Farbenkasten und Pinsel, dito Farben. Pappen haben wir noch vorrätig. Staffeleien und Rahmenkisten von Dir stehen ja noch bei Behrens"). Und damit Otto Modersohn die Reise nicht doch noch wieder absagt:

„Es ist hier tageweise ganz herrlich. So gestern. Herrliche klare Lüfte mit gewaltigen quellenden Wolken, kein Lufthauch, davor leuchtende Birken mit zartem Herbstlaub, dunkelgrüne Eichen, leuchtendes Saatengrün, tiefblaue Fernen. Herbsttage, wie sie nur Worpswede bietet ..."

und ehrlicherweise einschränkend:

„Allerdings auch manch grauer Tag, mancher staffeleistürzende Sturm, mancher Regenguß. Doch da sind ja die Häuser und Hütten auch voller Bilder ..."

Alle drei waren in diesem zweiten Sommer und Herbst in Worpswede sehr fleißig. Mackensen malte drei Bilder, eine kleine Landschaft, „genannt: die Birke" und zwei Porträts, die er gerahmt in Hamburg ausstellen wollte. Am Ende

(und dem Vernehmen nach auch Modersohn) beschränkte sich weiterhin auf Vorstudien:
„Ich male in bekannter Weise, trotz Vinnen, Studien. Kann nicht finden, worin das Unrationelle liegen soll. Vinnen weiß eben nicht, daß das Kolorit bis zum Äußersten getrieben werden muß, um damit Ideen ausdrücken zu können. Hängt den Mantel nach dem Winde, däucht mir ..."
Carl Vinnen, gleichfalls Studierender in Düsseldorf, hatte sich auf das Familiengut in Ostendorf bei Bremerhaven zurückgezogen. Er besuchte die Freunde häufig in Worpswede und malte dort ebenfalls für einige Zeit. Eine festere Bindung ergab sich jedoch nicht, zumal Vinnen vor allem der Küstenlandschaft zugetan war.

Während Mackensen und Modersohn die Wintermonate 1890/91 zu Studienzwecken in Hamburg verbrachten, lebte Hans am Ende im Hause seines Bruders, des Chemikers Dr. Theodor am Ende, in Berlin. Als im Dezember auch die Mutter ihre Wohnung in Bielefeld aufgab und nach dorthin übersiedelte, war die Familie für etliche Monate – für den Maler eine „unerträglich lange und nutzlose" Zeit – wieder vereint. Vor allem Geldsorgen waren für diesen kostensparenden Berlinaufenthalt bei den Verwandten ausschlaggebend:
„Vorderhand habe ich erstens kein Geld (um im Sommer 1891 wieder nach Worpswede zu fah-

ren), zweitens muß ich um meiner Familie willen unbedingt noch einige Zeit hierbleiben."

Und weiter:

„Der Geldpunkt, den ich erwähnte, ist mir sehr unangenehm ... Will mir auf jede mögliche Weise eine Geldquelle eröffnen. Über das „Wie" bin ich mir allerdings noch ziemlich unklar, doch suche ich und hoffe sehr, auch etwas zu finden."

Als die Freunde von erfolgreichen Bilderverkäufen berichten, gratuliert er herzlich-wehmütig zu dieser „Mammonraffe" und kann von sich nur mitteilen, daß er mit dem „Bilderverkümmeln" leider noch überhaupt kein Glück gehabt hat.

„Mir hat noch niemand 10 Pfg. für eine Studie geboten, geschweige denn 10 Reichsmark. Ich habe auch noch niemand, dem ich sie zu solchem Zweck zeigen könnte. Ich bin eben sehr allein hier."

Alle Hoffnung setzt er auf seine Radierungen:

„Seit vierzehn Tagen bin ich wieder regelmäßig im Atelier gewesen. Ich habe mehrere große Entwürfe für Radierungen gemacht, auch mehrere kleinere, habe eine von den letzteren fast fertig radiert und abends fleißig Akt gezeichnet. Ich hoffe im Januar (1892) dem Radierverein zwei fertige Platten vorlegen zu können, eine davon wird man mir wohl abkaufen. Ob ich die größeren Zeichnungen radiere, ob ich sie vielleicht unter Öl setze, ob ich sie wieder in die Ecke werfe und

anderes ausführe, das findet sich dann ..."
Im übrigen findet er es ganz scheußlich, Bilder zu malen, um Geld damit zu verdienen. – „Es ist nichts hündischer, als die Kunst zur Milchkuh zu erniedrigen." – Und in den Berliner Ateliers findet er „eben nur Milchkühe".

Überhaupt Berlin ... Schweren Herzens war er von Worpswede in diese „entsetzlich-schreckliche" Stadt abgereist, die für ihn nicht einmal eine richtige Großstadt ist, sondern ein heilloses Konglomerat von vielen, nicht zueinander passenden Teilen, schlichtweg „ein Greuel".
Berlin ist von einem Ende bis zum andern fad und langweilig. Genau so, wie ich es mir vorgestellt habe. Und wo es das nicht ist, da ist es gemein, schusterhaft gemein ...

Reichtum und bittere Armut sind in Berlin nah beieinander; in keiner anderen deutschen Großstadt treten soziale Gegensätze stärker auf:
„Die Königstreue wird mir hier recht sauer." Auf der einen Seite „der kaiserliche Hof mit all dem unkünstlerischen Repräsentationsprunk", auf der anderen „die nach Zehntausenden zählenden Vagabunden: Auf der kalten und zugigen Brücke in der Friedrichstraße sitzt auf bloßer Erde, zitternd vor Frost und Alter, ein erbärmlicher Krüppel bis in die tiefste Nacht, in der einen Hand einen schmierigen Hut, der den kahlen Scheitel decken sollte, in der andern ein Kästchen

Wachsstreichhölzer. Tausende gehen vorüber, täglich; Hunderttausende vielleicht; aber niemand sorgt dafür, daß solches Elend beseitigt wird."

Not, Armut, Elend gibt es natürlich auch in so mancher armseligen Hütte im Teufelsmoor. Aber da berührt es die Malerfreunde merkwürdigerweise nicht, da erscheint es ihnen als „naturgegeben" – sofern sie sich überhaupt darüber Gedanken machen.

Hier kann er nicht arbeiten, nicht einen Augenblick richtig froh sein, hier fehlen ihm die Freunde. – „Hätte ich nur jemand, einen Menschen, mit dem man mal reden könnte." – Und tut auch von sich aus nichts, so müssen wir ergänzen, um Bekanntschaften zu machen, Freundschaft zu finden!

„Schrecklich und zeitweilig furchtbar aufregend ist mir das Gefühl des Alleinseins in künstlerischen Dingen, das noch erhöht wird durch ein zeitweiliges notgedrungenes Zusammensein mit einigen stumpfsinnigen Dilettanten, denen ich bisher leider noch nicht so sehr die Tür weisen konnte, wie ich wollte. Aber ich muß mir die Gesellschaft vom Halse schaffen."

Und charakterisiert die Berliner Künstler, soweit er sie selbst kennenlernte, als „großmäulig, äußerlich, ohne Fond, innerlich gemein ... Banausen, Proletarier der Kunst" – obwohl er kurz darauf zugeben muß, in den Räumen der Berliner Akademie einige durchaus „gleichgesinnte jüngere Künstler" getroffen zu haben. – Hans am Ende hadert mit seinem Schicksal, das ihn „des schnöden Mammons wegen" zwang, fürs erste das Dorf am Weyerberg und des Teufelsmoor aufzugeben, und er sträubt sich dagegen, will sich in Berlin unter gar keinen Umständen einleben. Das macht ihn ungerecht gegenüber allem, was er hier sieht und hört. Als sich die Freunde besorgt nach seinem Gesundheitszustand erkundigen, antwortet er beruhigend, daß er sich eigentlich recht wohl fühle – natürlich nur so weit, als man sich in dieser schlimmen Stadt überhaupt wohl fühlen könne. Das ist deutlich genug. Vor allem aber ist der junge Künstler unzufrieden mit sich selbst, und darin ist wohl die eigentliche Ursache für das von Selbstmitleid durchzogene Bekritteln und Bemäkeln von allem und jedem zu sehen. Ständig entdeckt er wieder Schwächen, Unzulänglichkeiten in jeder neu angefangenen Arbeit; zahllose Entwürfe landen im Papierkorb. Er steckt in jener Krise, wie sie für einen werdenden Künstler typisch ist, und die, wird sie nur durchgestanden, entscheidende Bedeutung für die weitere Entwicklung haben kann.

Zu den Geldsorgen, zu der andauernden Bedrükkung über seinen Werdegang tritt auch noch die Sorge um den plötzlich schwer erkrankten Bruder, kommt dann die Angst um seine Mutter, als Theo schon wenige Wochen später stirbt. – Es ist ihm, als habe sich hier in Berlin alles gegen ihn verschworen.

Worpswede, das Licht, Wind und Wolken über dem braunen Moor … weit liegt das jetzt hinter ihm. Hofft er überhaupt noch, jemals wieder dort zu sein, zusammen mit den beiden Freunden? – Wie an längst Vergangenes denkt er im Januar 1892 zurück:

„Es wird sich immer mehr zeigen, daß wir in Worpswede doch auf dem rechten Weg waren. Hoffentlich blüht auch mir noch einmal die Zeit, wo ich mich ganz und voll dem Studium hingeben kann, unbedrückt von anderen Gedanken. Aber wann? – Gibt es Schöneres als forschen, als ergründen, immer tiefer eindringen in die Natur? Ich hoffe und warte und will mich bemühen, augenblicklich zu tun, was sich irgend tun läßt."

Künstlergemeinschaft Worpswede

Erst eineinhalb Jahre nach seinem Fortgang von Worpswede, im Juli 1892, kehrte Hans am Ende an den Weyerberg zurück. Ebenso im darauffolgenden und auch übernächsten Sommer. Die unverändert schlechten finanziellen Verhältnisse zwangen ihn auch weiterhin, Herbst und

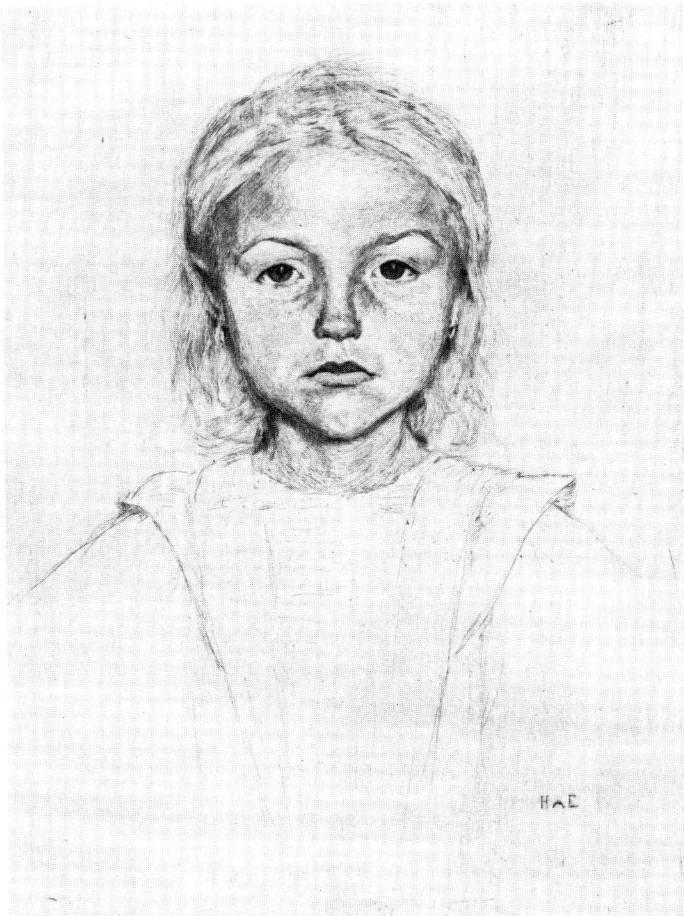

Kinderkopf, 1897, Radierung

Winter in Berlin zu verbringen, den dortigen gutsituierten Verwandten „in den sogenannt besseren Kreisen" für sein leibliches Wohl ausgeliefert, wenngleich er durch gelegentlichen Verkauf des einen und anderen Bildes doch auch zunehmend unabhängiger wurde. 1895 konnte er es endlich riskieren, sich ganz von Berlin abzusetzen und, wie auch Mackensen und Modersohn, in Worpswede ansässig werden. Trotz noch keineswegs rosiger Zukunftsaussichten atmete Am Ende auf: was er sich immer gewünscht hatte – der entscheidende Schritt war getan. Er wohnte zunächst in einem kleinen älteren Haus am Westhang des Weyerberges; sein erstes Atelier richtete er in der alten Worpsweder Schmiede ein, Macksensen wohnte bei „Mutter Schröder"; die drei Freunde aßen gemeinsam im Gasthaus, wo sie von Martha, der jüngsten Schrödertochter – später Frau Heinrich Vogelers – bedient wurden.

In den Jahren 92 bis 95 hatte sich am Weyerberg einiges verändert: der Freundeskreis erweiterte sich. 1892 schloß sich der junge Bremer Maler Fritz Overbeck, Studienfreund von Mackensen und Modersohn in Düsseldorf, den drei „alten" Worpswedern an. Ein Jahr später folgte ein weiterer Düsseldorfer, der einundzwanzigjährige Heinrich Vogeler, Sohn eines wohlhabenden Bremer Eisenhändlers, nun Benjamin der „Künst-

Der Maler Hans am Ende um 1910

lergemeinschaft Worpswede", die zu dem Zweck, künftig gemeinsame Ausstellungen in den Galerien zu veranstalten, offiziell gegründet wurde. Auch Carl Vinnen in Ostendorf, in der Literatur häufig als Nummer sechs der „alten Worpsweder" genannt, gehörte eine Zeitlang dazu, zumal seine Malerei dem Schaffen der Weyerberger durchaus verwandt war.

Künstlergemeinschaften, -gruppen, -gilden wurden um die Jahrhundertwende zahlreich gegründet; man versprach sich größere Aufmerksamkeit und Durchsetzungskraft in der Öffentlichkeit; einem jungen Maler wurde in der Regel kaum die Möglichkeit zu einer Einzelausstellung gegeben.

Damit er die Arbeit an seinen Radierungen auch in Worpswede fortsetzen konnte, beschaffte Hans am Ende eine Druckpresse. Vogeler, dessen Skizzenbuch ihm eine starke graphische Begabung verriet, wurde sein erster Schüler (und gleichzeitig Mackensens Schüler in der Malerei); Overbeck und auch Mackensen ließen sich ebenfalls von Am Ende in den Radiertechniken unterweisen; nur Modersohn machte nicht mit, seine Malerei füllte ihn vollständig aus. Das gemeinsame Bemühen um diese alte, aber viele Jahrzehnte fast vergessene graphische Kunst fand seinen Ausdruck in einem Gemeinschaftswerk: eine Mappe mit zwölf Radierungen, betitelt „Vom Weyerberge“ (1895), der zwei Jahre später noch eine zweite, wegen des nur mäßigen Verkaufserfolges letzte Mappe „Aus Worpswede“ folgte. Verhandlungen mit den Verlagen und Abrechnung mit den Freunden übernahm Hans am Ende.

Das Jahr 1895 brachte noch zwei weit bedeutungsvollere Ereignisse: im April erhielten die Worpsweder ihre erste Gelegenheit zu einer Gemeinschaftsausstellung in der Bremer Kunsthalle, im Oktober die zweite im Münchener Glaspalast. – In seinen „Erinnerungen“ bezeichnet Vogeler die Bremer Ausstellung als „großen Erfolg“; den ausführlichen Kritiken in maßgeblichen Bremer Zeitungen zufolge, war sie das absolute Gegenteil, ein Reinfall. Oder war es wirklich nur der eine und andere Bremer „Kunstschreiber“, der sich selbst hier ein beschämendes Zeugnis gab?

„Unerquickliche Malereien“ ... „Gipfel der Trivialität“ ... „Ebenso langweilig als roh gemalter Birkengang“ ... „fehlt vor allem eine gesunde Technik sowie eine leichte, ungequälte Pinselführung“ ... „Wiederkäuen von Formen und Ausdrucksmitteln“. – Anerkènnung findet Mackensens überdimensional großes Gemälde „Gottesdienst im Freien“; das wird sogar als „Beweis hervorragenden Könnens“ gefeiert. Und Hans am Ende, der nur ein paar seiner ungewöhnlich großformatigen Radierungen ausgestellt hatte, bekommt das Lob, damit „ganz vorzügliche Proben intimster Stimmungsschilderung und eingehendsten Naturstudiums“ vorgelegt zu haben. Die übrigen?

Unbeeindruckt von solchen Schreibereien ordert Professor von Stieler, Präsident des Münchener Kunstvereins, die gesamte Ausstellung der Worpsweder für den Glaspalast; und dort wird sie im Oktober zu einem geradezu überwältigenden Erfolg. Mackensen erhält die so begehrte Goldmedaille, Modersohn, „das stärkste Talent der Worpsweder“ genannt, wird durch den Ankauf seines Bildes „Herbststurm im Teufelsmoor“ auszeichnet. Anerkennung und höchstes Lob auch für Overbeck, Am Ende und Vogeler. Die Münchener Ausstellung der Künstler vom Weyerberg, gefeiert als eines der größten Ereignisse in der deuschen Kunst, wird für sie zum entscheidenden Durchbruch. Plötzlich sind sie berühmt.

Im Mai 1920 fragt Karl Krummacher, Maler der zweiten Worpsweder Generation, worin denn nun eigentlich der „geradezu orkanartig einsetzende Erfolg, der freilich damals schon hellhörige Leute stutzig machte“, begründet gewesen wäre. Weder wäre es ungewöhnlich, daß eine Gruppe gleichgestimmter, seelenverwandter Künstler geschlossen auftrat, noch sei es etwas

Frühlingstag, 1897/98

 Birken am Waldrand, um 1890

Birken am Moorkanal, um 1901

Sommertag, 1901

Im Bruch, um 1900

Birken am Torfgraben, um 1900

Torfkähne auf der Hamme, um 1900

Segelfahrt 1899

Im Teufelsmoor, um 1895

rkengruppe, um 1890

Weites Land, um 1902

Sommertag, um 1900
(Blick von Vollersode in die Hammeebene)

Wintertag, um 1900

Stimmung im Moor, um 1900

Weyerberg mit Sommerwolken, um 1899

Gehöft im Schnee, 1901

Frühling in Worpswede, um 1900

Worpsweder Dorfstraße im Winter, um 1895

wirklich umwälzend Neues gewesen, was diese jungen Worpsweder aufzuweisen hatten. Und seine Erklärung: „Sie wirkten als krasses Gegenbeispiel für den herrschenden altbackenen Naturalismus. Demgegenüber nun die Worpsweder herzerfrischend wie Trompetenstöße, wie Festfanfaren. Man konnte Anklänge an Böcklin entdecken: Verdichtete heroische Stimmung, Kontrastwirkungen mit starken, ungebrochenen Farben, große Schauplätze und große Bildformate. Sie trugen keine romantischen Vorstellungen in die Natur hinein, sondern aus einer bestimmten Gemütsverfassung wuchs ihnen ‚die Fülle der Geschichte' zu." – Und was sie selbst höchstpersönlich betraf – sie verstanden es auch, so Krummacher, ein wenig mit ihrer „klosterähnlichen Abgeschiedenheit, ihrer selbstgewählten Verbannung und dem völligen Verzicht auf großstädtische Zertreuung" zu kokettieren, zusätzlich Eindruck zu machen, und das gewiß nicht beiläufig.

Krummacher: „Und der Rückschlag konnte nicht ausbleiben." – Natürlich gab es auch während der Münchener Ausstellung schon Kritiker, die „eine gewisse Gleichartigkeit" bemängelten und darauf hinwiesen, daß es doch sehr schwer sei, auf Anhieb einen Modersohn von einem Overbeck zu unterscheiden, die sogar befürchteten, daß der gar so frühe Erfolg die Worpsweder

Landschafter daran hindern könnte, sich in der jeweils eigenen Weise weiterzuentwickeln ... Tatsächlich sind solche Vorurteile nicht ohne Einfluß auf die spätere Einschätzung geblieben; zeitweilig wurde nur das Werk einer einzigen Worpsweder Malerin, Paula Becker-Modersohn, als über ihre Zeit hinausweisend betrachtet, während man das Schaffen Mackensens, Modersohns, Hans am Endes und Overbecks als „überholte Heimatkunst" meinte abtun zu müssen. Aber das wird heute, nicht erst durch die neuerliche Hinwendung zu „Natur" oder die Wiederentdeckung von „Heimat", völlig anders gesehen: Zwar ist es richtig, daß die „alten Worpsweder" sich dem heimatlichen Raums sehr stark verbunden fühlten und hier ihre Themen fanden; aber die künstlerische Aussage ihrer Bilder greift weit darüber hinaus. Wie sonst könnten sie auch für unsere Zeit noch so bedeutsam sein? Und wer sich intensiv mit dem Gesamtwerk eines Einzelnen, zum Beispiel den Radierungen und Ölbildern Hans am Endes beschäftigt, der wird weder „Rückschlag" noch Stillstand, sondern im Gegenteil ständig fortschreitende Vertiefung, zunehmende Reife entdecken.

Der Münchener Ausstellungserfolg hatte Auswirkungen. Jetzt plötzlich waren die Bilder der Worpsweder sehr gefragt. Von überall her kamen Anfragen und Aufträge; Kunsthandlungen

Im Garten des Worpsweder Hauses, um 1905

und Galerien bewarben sich um die jungen Künstler, und die Zeiten, als sie mit dem Pfennig rechnen mußten, waren damit wohl ein für allemal vorbei. Wie auch die Malerfreunde konnte sich Hans am Ende ein eigenes Haus am Fuß des Weyerbergs bauen. Er wurde Nachbar Heinrich Vogelers, der ein baufälliges altes Strohdachhaus zu seinem „Barkenhoff" umgestaltete. Aus „vagabundierenden Künstlern" wurden brave Ehemänner: Hans am Ende heiratete Maria Willatzen; es wurde eine sehr glückliche Ehe, der aber, zum großen Kummer der beiden, Kinder versagt blieben.
Besucher strömten von überall her ins so berühmt gewordene Worpswede, allen voran natürlich Malersleute. Das lag durchaus im Interesse Fritz Mackensens, dem es vorschwebte, hier am Weyerberg eine „Künstlerkolonie" zu entwikkeln, wie sie nach dem (oft mißverstandenen) Vorbild Barbizons auch andernorts so in Dachau und Murnau, in der Bretagne und in Dänemark, entstanden. Die Worpsweder bekamen Schüler und Schülerinnen, aber eine „Malerschule Worpswede", von der nach 1895 gern gesprochen wurde, entwickelte sich, wenn überhaupt, nur ansatzweise: wesentliche, die europäische Kunstwelt deutlich beeinflussende Impulse gingen noch nicht davon aus.

Links das Wohn- und Atelierhaus am Endes, rechts Vogelers Barkenhoff

Unter dem künstlerischen Nachwuchs, der – zu Modersohnes Verärgerung – den Weyerberg „stürmte", gehörten auch drei junge Münchener Akademieschüler, Ubbelohde, Gröber und Thalmeier, die sich zum Verdruß der „Alten" etliches Ungehörige herausnahmen und damit Anstoß erregten. Ohne lange zu fragen, gingen sie (nach einem Bericht Vogelers) in die offene Diele eines Bauernhauses, bohrten ihre Staffelei in den Lehmfußboden und fingen an zu malen. „Aber die Bauern halfen sich auf ihre Weise. Die Bäuerin legte, ohne ein Wort zu sagen, auf das offene Feuer ein paar Stücke Weißtorf, der nicht flackerte, sondern schwelte, und nach kurzer Zeit war alles blauer Rauch und keine Sicht mehr auf der Diele." Den Malern blieb nichts anderes zu tun, als „einzupacken und abzuhauen".

Es kam zu heftigen Auseinandersetzungen, leider auch unter den fünf Freunden. Während Modersohn und Vogeler die Münchener trotz ihrer jugendlichen Unarten durchaus sympatisch und anregend fanden, schließlich sogar Partei für sie ergriffen, war die Empörung Mackensens und Am Endes maßlos. „Eines Tages", erzählt Vogeler, „hingen im Schröderschen Garten zwei blaue bayrische Offiziersuniformen. Der Radierer Hans am Ende und der Maler Mackensen waren dabei, die Uniformen zu bürsten und die Knöpfe zu putzen. Am anderen Morgen stiegen beide als blankgeputzte Reserveoffiziere in den Morgenomnibus: sie wollten den Münchenern eine Duellforderung überbringen lassen. Am Abend kamen die Krieger ganz klein und gedrückt von Bremen heim und verpackten ihre Uniform. Der Vorsitzende des Offiziersehrengerichts hatte ihre Sache für unwichtig befunden und riet den Herren, sich nicht provozieren zu lassen und die Leute auch nicht weiter zu behelligen." – Die Münchener blieben nicht lange am Weyerberg, aber die Freundschaft der fünf Worpsweder hatte, gewiß nicht nur wegen dieser Affäre, Risse bekommen. Modersohn, in mancher Hinsicht mit Mackensen nicht mehr einverstanden, schloß sich enger an den jungen Vogeler und an Fritz Overbeck; Hans am Ende hielt in unverbrüchlicher Treue zum Offizierskameraden Fritz Mackensen. – Overbeck verließ schon 1905 mit seiner Familie Worpswede, zwei Jahre später, gleich nach dem Tode seiner zweiten Frau Paula Becker, trennte sich auch Otto Modersohn von den früheren Freunden und übersiedelte ins damals noch weltabgeschiedene Fischerhude; hier fand er wieder die Einsamkeit und Stille, die er für sein Schaffen brauchte.

Sie waren längst nicht mehr eines Sinnes, eines gemeinsamen Strebens; – vielleicht waren sie es nie gewesen? Gewiß überdeckt eine erste Phase rauschhafter Begeisterung, dazu noch in jungen

Jahren, manch Gegensätzliches, was dann erst in der Ernüchterung des Älter- und Reiferwerdens deutlich wird. Und da waren allerdings Unterschiede, etwa zwischen Mackensen und Modersohn: der seiner Sache fraglos Sichere, Selbstbewußte auf der einen, der ständig Suchende, fortwährend in seinen Tagebüchern über sein Tun und Denken Reflektierende und im übrigen völlig Anspruchslose auf der anderen Seite. Und sicher waren auch Am Ende und Mackensen im künstlerischen Bereich Gegensätze; sie traten nicht zutage.

Daß es Meinungsverschiedenheiten gab, zeigt ein kleines Beispiel: Das Pamphlet Carls Vinnens gegen die Überfremdung deutscher Kunst durch die französische – „Ein Protest deutscher Künstler" –, gerichtet an die Galerien, Kunsthallen und sonstigen Institute im Jahre 1911, wurde selbstverständlich von Fritz Mackensen unterzeichnet; die Unterschrift Am Endes fehlt.

1897 wurde die „Künstlergemeinschaft Worpswede" in aller Form als aufgehoben erklärt. Fortan war jeder der fünf Maler, auch im Hinblick auf Ausstellungen, auf sich allein angewiesen. – Wie die Verhältnisse sich zwischen ihnen entwickelt hatten, war es wohl ein guter Beschluß.

Man ist doch zuerst Mensch, dann erst Künstler

Als feinsinnig, empfindsam, zurückhaltend still, versöhnlich ausgleichend und heiteren Gemüts, das auch aus seinen Gemälden strahlt", wird der Mensch Hans Am Ende beschrieben. Und so empfand es auch die junge Paula Becker, als sie im Okt. 1898 das Ehepaar in seinem Heim besuchte. Sie berichtete davon ihren Eltern:

„. . . Die Zartheit der Liebe, mit der diese beiden Menschen verkehren, durchleuchtet ihr ganzes Häuslein mit rosenrotem Licht. Und jeder, der diese Atmosphäre atmen darf, muß auch zart und weich werden. Er ist eine weiche Künstlerseele, mit strengem, keuschem Formensinn. Dürer und Donatello, Botticelli, die liebt er. Die hängen in schönen Rahmen an seinen Wänden. Und er lauscht den Schwingungen der anderen Seele. Er versteht das Unausgesprochene und antwortet unausgesprochen. Dieses Zwiegespräch bringt das ganze Sein in liebliche Schwingungen. Und dann sein Weiblein. Sie hat ein Herz, vor dem man knien möchte . . ."

Hans Am Ende war sehr hilfsbereit. Um jemandem weiterzuhelfen, fand er neben seinen eigenen Aufgaben immer Zeit, lange Briefe zu schreiben. Erhalten blieb uns eine Reihe von „Lehrbriefen", an ein Fräulein „F", die bei dem Maler und Radierer gewissermaßen ein „Fernstudium" absolvierte. Deutlich wird nicht nur die außerordentliche Mühe, die sich Hans am Ende mit dieser jungen Dame gibt, und nicht nur der hervorragende Lehrer, sondern zugleich, wie der Künstler seine eigenen Studien betreibt. – Hier ein paar Ausschnitte:

„Sehr geehrtes Fräulein F . . . 22. März 06
Bitte entschuldigen Sie die Verzögerung meiner Antwort. Ich war verreist und mit Arbeit sehr überhäuft.
Ihre Zeichnungen der Augen sind recht. Ob sie richtig gezeichnet sind, kann ich natürlich nicht beurteilen, aber ich freue mich, daß Sie scharf zuschauen. Trotzdem möchte ich, daß Sie noch schärfer beobachten. Der Augapfel ist wohl kaum so rein wie auf der Zeichnung, ebensowenig die Iris, und die grauen und bräunlichen Töne, die Sie dort bemerken, haben bestimmtere Formen. Ebenso gibt das Glanzlicht wohl noch präziser die Form der Lichtquelle – das Fenster. Zeichnen Sie nun zum Vergleich andere Augen, merken Sie sich die Verschiedenheiten und prägen Sie sich dieselben so ein, daß Sie sich dieselben jederzeit vorstellen können: Ausdruck, Form, Beleuchtung. Nehmen Sie Papier, was weniger porig ist. Diese Poren wirken ja bei den Details der Zeichnung als störende Formen. Zeichnen Sie andere Gesichtsteile, Nase, Mund, von

vorn, von der Seite, Ihres Gesichts, anderer, und beobachten Sie unausgesetzt, wodurch sich ein Mund vom andern, ein Ohr vom andern unterscheidet . . . Gehen Sie von den einzelnen Teilen zur Gesamterscheinung eines – mehrerer – Köpfe über, beobachten Sie so lange und oft – nicht nur Minuten, Stunden, und von allen Seiten, ohne sie zu zeichnen; und zeichnen Sie dann, wenn Sie glauben, einen Kopf verstanden zu haben, ihn auf – vielleicht erst nur weniger groß, dann denselben größer, noch größer, bis Sie denselben spielend auch in wenigen Minuten charakteristisch lebensgroß, andeutungsweise, aber treffend zeichnen können, und lernen Sie sie so kennen, wie ein Gedicht, das Ihnen jederzeit zur Hand ist . . ."

2. Februar 07

. . . Sie sind sehr fleißig gewesen und sichtlich vorwärts gekommen. Aber achten Sie beim Auspacken Ihrer Arbeiten einmal darauf, ob Sie nicht auch in den Köpfen eine gewisse Härte empfinden. Die Art, wie Sie der Natur nachgehen, ist mir lieb. Aber die Art, wie Sie das Empfinden wiedergeben, ist etwas streng geblieben. Am gelungensten ist der Männerkopf, er ist am unbefangensten, man sieht, es kam Ihnen dabei gar nicht darauf an. So ist die Zeichnung locker geblieben. Am wenigsten gefällt mir die Zeichnung der jüngeren Dame im Profil, die vielleicht sehr richtig gezeichnet ist, aber im Fleisch zu blank poliert ist. Alle Glanzlichter sind gleich weiß, auf dem Jochbein, Nasenrücken, Nasenspitze, im Augeneck, auf der Oberlippe, Kinn, Ohr. Dadurch bekommt die Zeichnung etwas Unlebendiges. Alles ist ein wenig zu glatt; werden Sie nun freier, flotter, weicher, denken Sie an das Wesen des Materials, das Sie darstellen, Fleisch, Haar, Hand, Kleid. Werden Sie lockerer in der Behandlung ...

... Wie gesagt, denken Sie mal nicht mehr an die Sicherheit des richtigen Zeichnens, sondern lassen Sie diese nunmehr erworbene Grundlage bestehen, auf der Sie etwas Höheres aufbauen können. In diesem Falle sitzt z. B. der Kopf schlecht im Raum und ist zu hart beleuchtet ...

Ich habe an vier Stellen Bleistiftwinkel aufgemerkt: bitte, legen Sie darum weißes Papier, so kommt der Kopf besser in den Raum: alles, was wegfällt, kann völlig entbehrt werden. Auch verschwindet die durch nichts (im Bild) erklärte Straffheit der Haltung des Jünglings, welches das optische Schwergewicht nach rechts aus dem Bilde herauszieht. Einen Augenblick noch, und der Knabe wird hinter dem Rahmen verschwinden wie der Mond hinter Wolken ...

... Stellen Sie sich selbst Aufgaben: ein Fries von Putten – oder derlei, und vergleichen Sie danach, wie andere Künstler solche Stoffe behan-

delt haben, Michelangelo, Klinger, Thoma. Überhaupt Phantasie! Fleißig üben! Jeden Einfall festhalten, täglich! Nicht nur abmalen wollen, selbst schaffen!
Leben Sie wohl, und bitte weitere Sendungen!

Beste Grüße
Ihr
Hans Am Ende"

Dem Vaterland zuliebe

Er machte Reisen, war in Frankreich und Italien. „Sind es die Antiken, sind es die Mosaiken des frühen Christentums, ist es Michelangelo, Leonardo, Raffael und Tizian, was uns am meisten bewegt? Es ist ja nicht zum sagen und zum glauben, wie gestopft voll von allen diesen schönen Dingen Rom ist. Aber immer hier wohnen möchte ich nicht, und Römer geworden bin ich hier nicht. Im Gegenteil. Nicht leicht anderswo wird einem klar, welch großes eigenes Kunstleben auch unser Volk hatte und haben wird, wenn es sich desselben bewußt geworden sein wird. Es lebe der Bremer Roland, hoch die deutsche Gotik, Dürer und Rembrandt!" (Brief an seinen Schüler Walter Bertelsmann)
Er reist in den Harz und ins Engadin, vornehmlich, um sein Rheuma auszukurieren, das er sich im nassen Moor geholt hat. Und malt auch hier

Hans am Ende, Immenhof, 1894

großartige Landschaften, den Hochwald, wildzerklüftete Felsgruppen am Brocken („solange die Farbe nicht auf der Palette festfriert und die Finger nicht steif werden"). Geheilt kehrt er nach Worpswede zurück.
Da bricht der Krieg aus. Die Reserveoffiziere Am Ende und Mackensen werden eingezogen. Obwohl er seines Alters wegen Anspruch auf eine Verwendung in der Heimat gehabt hätte, meldet Hans Am Ende sich an die Front; das glaubt er seinem Vaterland schuldig zu sein. Im April 1918 wird er durch Granatsplitter verwundet, nach Stettin ins Lazarett gebracht und dort mehrfach operiert. Aber es wurden lebenswichtige Organe schwer verletzt; am 9. Juli 1918 stirb Hans Am Ende, 54 Jahre alt, herausgerissen aus einem reichen künstlerischen Schaffen. Zwei Tage nach ihm stirbt auch seine Mutter.
Hans Am Ende wurde in Bremen beigesetzt. Sein Grabstein wurde nach dem zweiten Weltkrieg in den Ruinen des Friedhofs aufgefunden; Freunde brachten ihn nach Worpswede und setzten ihn auf das Grab seiner Frau.
Vieles wäre für ihn noch zu tun gewesen; Hans Am Ende hatte große Pläne, deren Verwirklichung er für die Jahre nach dem Krieg zurückgestellt hatte: Porträts, Skulpturen . . .
Es war ihm nicht vergönnt.
Herzlichen Dank sagen die Autoren Herrn Hans

Hans am Ende um 1914

Hermann Rief und dem Worpsweder Archiv für das in so freundlicher Weise zur Verfügung gestellte Material.

„Sie sind selten bei Am Ende, dessen Kunst eigentlich Musik ist. Musik, ja, das ist es, womit man sie am besten vergleichen kann. Musik von Hörnern und Harfen, Steigendes, Schwellendes, Verschwendung. Die Farben seiner Landschaften setzen ein, als hätten sie auf den Wink eines unsichtbaren Taktstockes gewartet. Wenn man vor seine Bilder tritt, gibt es einen kleinen letzten Augenblick der Stille, einer lautlosen Stille wie im Theater, knapp ehe die Ouvertüre beginnt. Dann fallen sie ein, stark, vielstimmig mit brausender Breite. Ein ganzes Orchester sammelt sich im Raum des Rahmens, und es ist alles da bis zum braunen Glänzen der Geigen und dem hellen Blitzen erhobener Hörner. Hans am Ende malt Musik, und die Landschaft, in der er lebt, wirkt musikalisch auf ihn., Darum sieht er sie nicht mit der stillen, sachlichen Ruhe des Malers an und versenkt sich nicht in sie mit des Dichters lauschenden Sinnen. Er ist ergriffen von Ihr, emporgehoben und hinabgezogen."
Rainer Maria Rilke über Hans am Ende.

Hans am Endes Grab auf dem Worpsweder Friedhof

KURZBIOGRAPHIE

1864
Hans am Ende wird am 31. 12. in Trier geboren.
1872
Die Familie übersiedelt nach Thüringen, Besuch der Privatschule des Vaters, dann des Gymnasiums in Schulpforta.
1884
Studium bei Wilhelm Diez, Radiertechniken bei Holzapfel und Raab.
1886
Studium im Wintersemester 86/86 bei dem Landschafter Ferdinand Keller in Karlsruhe.
1887
Rückkehr zu Diez, Bekanntschaft mit Mackensen.
1889
Auf Einladung Mackensens kommen Modersohn und am Ende nach Worpswede, im Spätherbst reist er nach Paris und im Winter zur Mutter nach Berlin.
Bekanntschaft mit Carl Vinnen.
1895
Am Ende läßt sich endgültig in Worpswede nieder und baut sein Wohn- und Atelierhaus neben Vogelers Barkenhoff.
Erste Ausstellung der „Worpsweder Künstlervereinigung" in Bremen. Am Ende erregt Aufsehen mit seinen großformatigen Radierungen auf der Internationalen Kunstausstellung im Münchener Glaspalast.
Gemeinsam mit Mackensen, Overbeck und Vogeler gründet er den „Verein für Originalradierung vom Weyerberg".
1897
Hans am Ende heiratet Magda Willatzen, Tochter eines Bremer Gymnasialprofessors und malt seinen „Frühlingstag" (Bremer Kunsthalle).
1899
Nach dem Austritt Modersohns aus der Worpsweder Künstlervereinigung gehen die Maler nun ihre eigenen Wege; am Endes Beziehung zum Barkenhoff-Kreis reißt ganz ab.

1902
Walter Bertelsmann wird Schüler Hans am Endes.
1903
Am Ende verbringt eine längere Zeit im Harz; das Klima des Teufelsmoors ist seiner Gesundheit nicht zuträglich; in den folgenden Jahren nehmen seine rheumatischen Beschwerden zu und zwingen ihn zu langen Kuraufenthalten. Oft kann er monatelang nicht arbeiten. Im Harz entstehen einige Handzeichnungen und Ölstudien.
1904
Im Dezember reist er nach Italien und verbringt dort das Frühjahr.
1909
Hans am Ende verbringt Kuraufenthalte in Bad Oeynhausen, Stuttgart und Wiesbaden.
1910
Er verbringt die Winter- und Frühjahrsmonate nun immer in Campfer bei St. Moritz; es entstehen zahlreiche Handzeichnungen, Aquarelle und Ölbilder. Den Sommer 1910 verlebt er in Tecklenburg, wo er sich ein notdürftiges Atelier einrichtet.
1912
Er mietet ein Atelier in München, ohne daß es zu einem längeren Aufenthalt kommt.
1914
Er meldet sich freiwillig zur Teilnahme am ersten Weltkrieg, den er als Hauptmann mitmacht.
1918
Am 9. Juli stirbt Hans am Ende in einem Stettiner Lazarett an den Folgen einer Verwundung.

BILDNACHWEIS

Frühlingstag, 1897
Kunsthalle Bremen
Birken am Waldrand, um 1890
Privatbesitz

Birken am Moorkanal, um 1901
Worpsweder Kunsthalle Fr. Netzel

Sommertag, 1901
Privatbesitz

Im Bruch, um 1900
Privatbesitz

Birken am Torfgraben, um 1900
Privatbesitz

Torfkähne auf der Hamme, um 1900
Privatbesitz

Segelfahrt 1899
Privatbesitz

Im Teufelsmoor, um 1895
Sammlung Bernhard Kaufmann, Stade

Birkengruppe, um 1890
Sammlung Bernhard Kaufmann, Stade

Weites Land, um 1902
Große Kunstschau Worpswede

Sommertag, um 1900
Privatbesitz

Wintertag, um 1900
Worpsweder Kunsthalle Fr. Netzel

Stimmung im Moor, um 1900
Galerie Cohrs-Zirus

Weyerberg mit Sommerwolken, um 1899
Nationalgalerie Berlin

Gehöft im Schnee, 1901
Bundeskanzleramt, Bonn

Frühling in Worpswede, um 1900
Worpsweder Kunsthalle, Fr. Netzel
Worpsweder Dorfstraße im Winter, um 1895
Privatbesitz

Allen Bildbesitzern sei für die Reproduktionsgenehmigung herzlich gedankt.

LITERATUR in Auswahl

Keller, Horst, Hans am Ende 1864 – 1918,
Handzeichnungen,
Katalog zur Ausstellung in der Galerie
Cohrs-Zirus, Worpswede, o. J.

Dede, Klaus, Hans am Ende
Kunstmappe mit 9 farbigen Reproduktionen und einem Beiblatt,
Fischerhude 1981

Rilke, Rainer Maria, Hans am Ende,
in: Worpswede, Velhagen & Clasing, 1903
Insel Taschenbuch 1987

Trudzinski, Meinolf, Hans am Ende
in: Worpswede – Eine deutsche Künstlerkolonie
hrg. von W. Kaufmann, Chr. Modersohn und
Wolf-Dietmar Stock, Fischerhude 1986

DIE AUTOREN

Peter Rabenstein, geboren 1948, lebt in Worpswede. Er studierte Nachrichtentechnik und Pädagogik und arbeitet heute als Berufsschullehrer in Bremen. Seine „Hobbys“ sind Gartenanbau und heimatliche Kulturgeschichte. Im Verlag Atelier im Bauernhaus erschien in Zusammenarbeit mit dem Koautor dieses Bandes sein Buch „Jan von Moor“.

Fritz Westphal, geboren 1921, lebt heute in Worpswede. Er studierte Zeitungswissenschaft und Literaturgeschichte, wechselte dann über zur Pädagogik. Er war als Lehrer, Schulleiter und in der Hamburgischen Lehrerbildung tätig. Daneben schrieb er Kritiken für die „Zeit“ und veröffentlichte Kinder- und Jugendbücher. Zusammen mit Peter Rabenstein brachte er das Buch „Jan von Moor“ heraus. Zuletzt erschien sein Roman „Philemons Haus“ im Schünemann-Verlag, Bremen.

REIHE WORPSWEDER TASCHENBÜCHER

Waldemar Augustiny
Paula Modersohn-Becker DM 12,80
Else Alpers
Clara Rilke Westhoff
und Rainer Maria Rilke DM 12,80
Wolf-Dietmar Stock/
Werner Wischnowski
Fischerhude – Künstler in der Stille DM 14,80
Werner Hohmann
Heinrich Vogeler in der Sowjetunion
1931 – 1942 DM 19,80
Gertrud Hosenfeld Krummacher
Damals in Worpswede . . . DM 12,80
Karl Veit Riedel
Worpswede in Fotos und Dokumenten DM 14,80